Impressum
Verlag: BABADADA GmbH, Nedderfeld 112 , 22529 Hamburg
Geschäftsführer / Verlagsleitung: Harald Hof
Druck: Books on Demand GmbH, In de Tarpen 42, 22848 Norderstedt

Imprint
Publisher: BABADADA GmbH, Nedderfeld 112 , 22529 Hamburg, Germany
Managing Director / Publishing direction: Harald Hof
Print: Books on Demand GmbH, In de Tarpen 42, 22848 Norderstedt

škola
el colegio

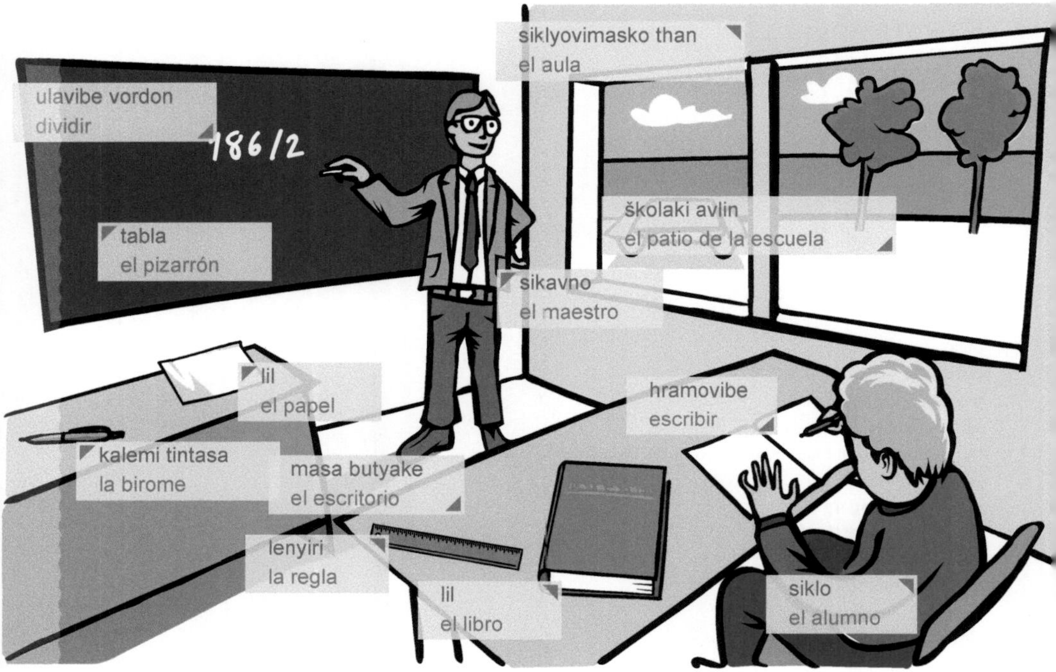
siklyovimasko than
el aula
ulavibe vordon
dividir
186/2
školaki avlin
el patio de la escuela
tabla
el pizarrón
sikavno
el maestro
lil
el papel
hramovibe
escribir
kalemi tintasa
la birome
masa butyake
el escritorio
lenyiri
la regla
lil
el libro
siklo
el alumno

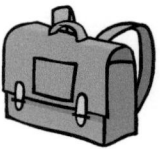

dumeski tašna

la mochila

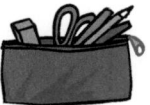

kalemengi kutia

la caja de lápices

kalemi

el lápiz

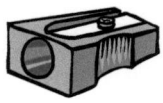

kalemengi čhurori

el sacapuntas

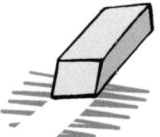

kosimaski guma

la goma (de borrar)

čitrimasko bloko

el bloc de dibujo

čitribe

el dibujo

boyimaski frča

el pincel

boyimaski kutia

la caja de pinturas

kata

la tijera

lepako

el pegamento

bukjardarimasko lil

el cuaderno de ejercicios

khereski buti

la tarea

gendo

el número

džide

sumar

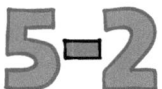

ikal

restar

multiplicirin

multiplicar

kalkulirin

calcular

hramome lil

la letra

alfabeta

el abecedario

hello

lafo

la palabra

teksti
el texto

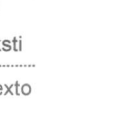

drabaribe
leer

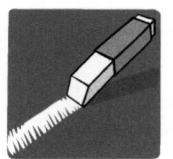

kreda
la tiza

lekciya
la lección

Klasesko registro
el cuaderno de clase

egzameni
el examen

sertifikato
el certificado

školaki uniforma
el uniforme escolar

edukacia
la educación

enciklopedia
la enciclopedia

univerziteto
la universidad

mikroskopo
el microscopio

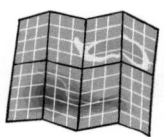

mapa
el mapa

korpa čhudimaske lila
el tacho (de basura)

dromaripe

el viaje

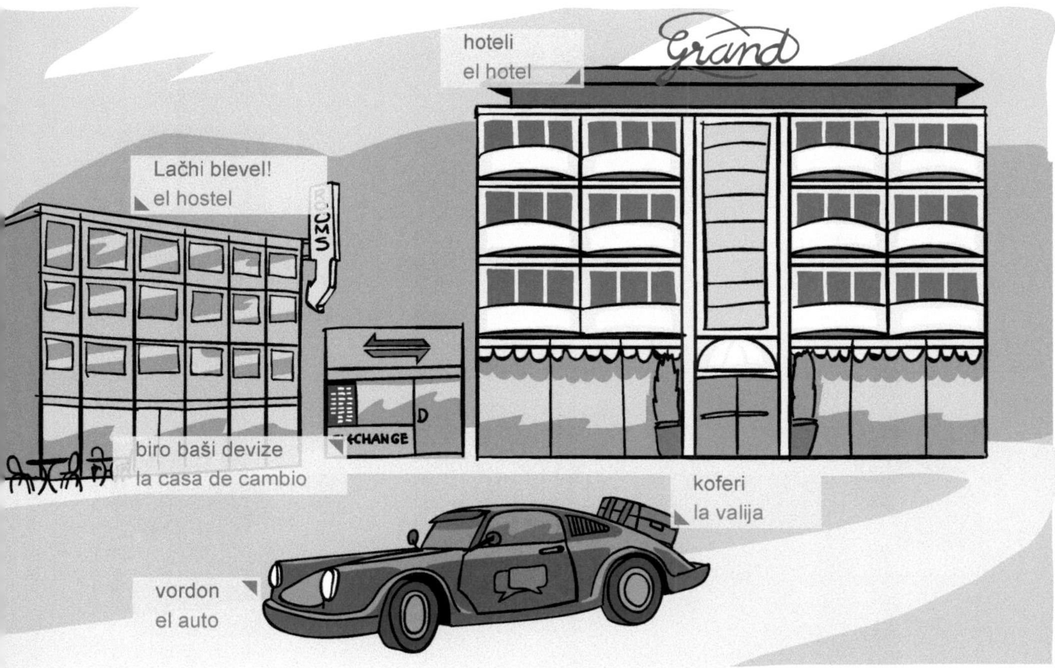
hoteli
el hotel
Grand
Lačhi blevel!
el hostel
ROOMS
biro baši devize
la casa de cambio
EXCHANGE
koferi
la valija
vordon
el auto

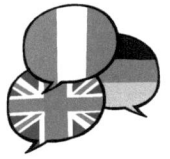

ćhib

el idioma

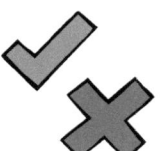

va / na

sí / no

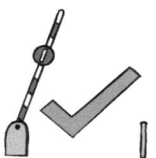

Okay

Está bien

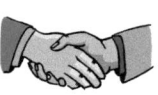

Namaste

hola

tumači

el traductor

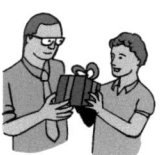

Ov sasto

Gracias

Kozom si...?

¿cuánto cuesta…?

Na havava

No entiendo

problemo

el problema

Lači rat!

¡Buenas tardes!

Lači javin!

¡Buenos días!

Lači rat!

¡Buenas noches!

ačhon Devlesa

el adiós

dromeski sikavin

la dirección

bagaži

el equipaje

gono

el bolso

dumesko gono

la mochila

misafiri

el invitado

kamara

la habitación

sovimasko gono

la bolsa de dormir

cerha

la carpa

turistikani informacia

la información turística

plaža

la playa

kreditno kartica

la tarjeta de crédito

javinako habe

el desayuno

kušluko

el almuerzo

ratyako habe

la cena

karta

el pasaje

elevatori

el ascensor

marka

el sello

simantra

la frontera

adetia

la aduana

ambasada

la embajada

viza

la visa

pašaporti

el pasaporte

transporti

el transporte

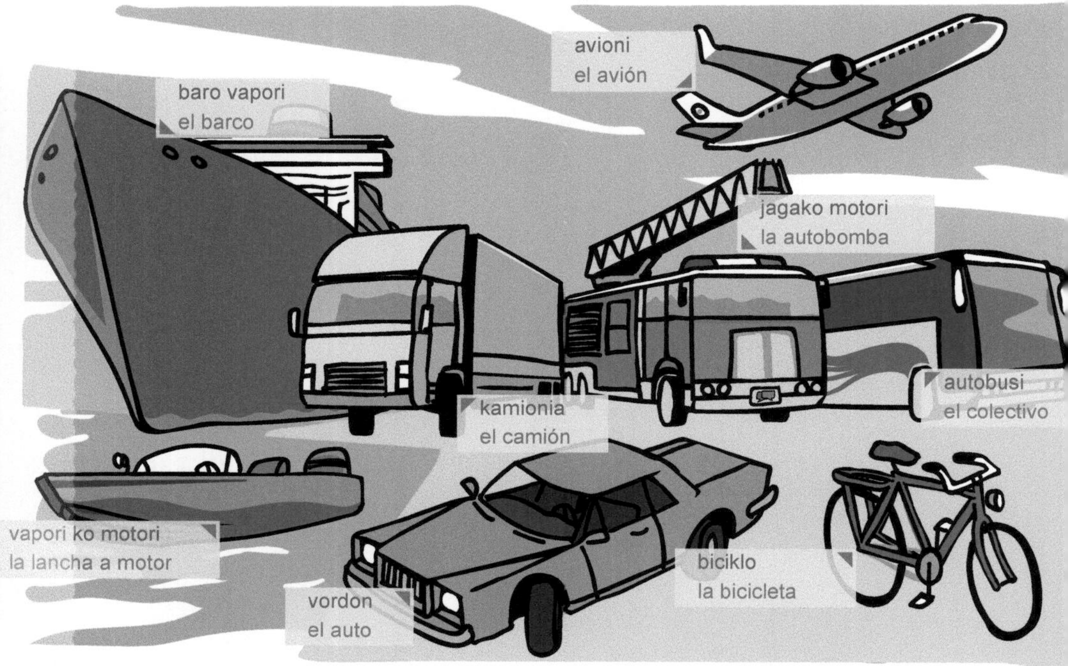
avioni
el avión
baro vapori
el barco
jagako motori
la autobomba
autobusi
el colectivo
kamionia
el camión
vapori ko motori
la lancha a motor
biciklo
la bicicleta
vordon
el auto

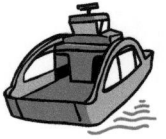

feri vapori

el ferry

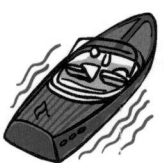

vapori

el bote

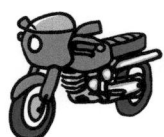

motorciklo

la moto

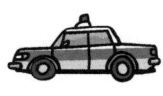

policiako vordon

el patrullero

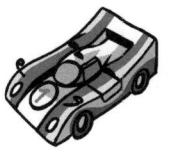

prastamasko vordon

el auto de carreras

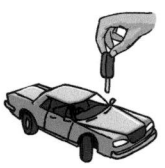

rentakar

el auto de alquiler

ulavibe vordon
....
el alquiler de autos

rumosardo kamioni
....
la grúa

kamionengo than
....
el camión de la basura

motori
....
el motor

petroli
....
la nafta

petrolesko stasioni
....
la estación de servicio

trafikoskere išaretia
....
la señal de tránsito

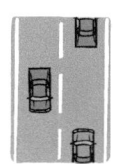

trafiko
....
el tránsito

baro trafiko
....
el embotellamiento

vordonesko parkirimasko
than
....
el estacionamiento

pampurengo stasioni
....
la estación de tren

kamionia
....
las vías

pampuri
....
el tren

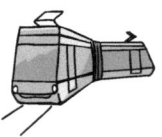

tramvaj
....
el tranvía

vagoni
....
el vagón

helikopteri

el helicóptero

aeroporti

el aeropuerto

kula

la torre

dromarutno

el pasajero

kontejneri

el contenedor

kartoni

la caja de cartón

vordonoro

la carretilla

sevli

la canasta

urjalipasko starto /
urjalipasko agor

despegar / aterrizar

diz

la ciudad

gav

el pueblo

dizyako centro

el centro de la ciudad

kher

la casa

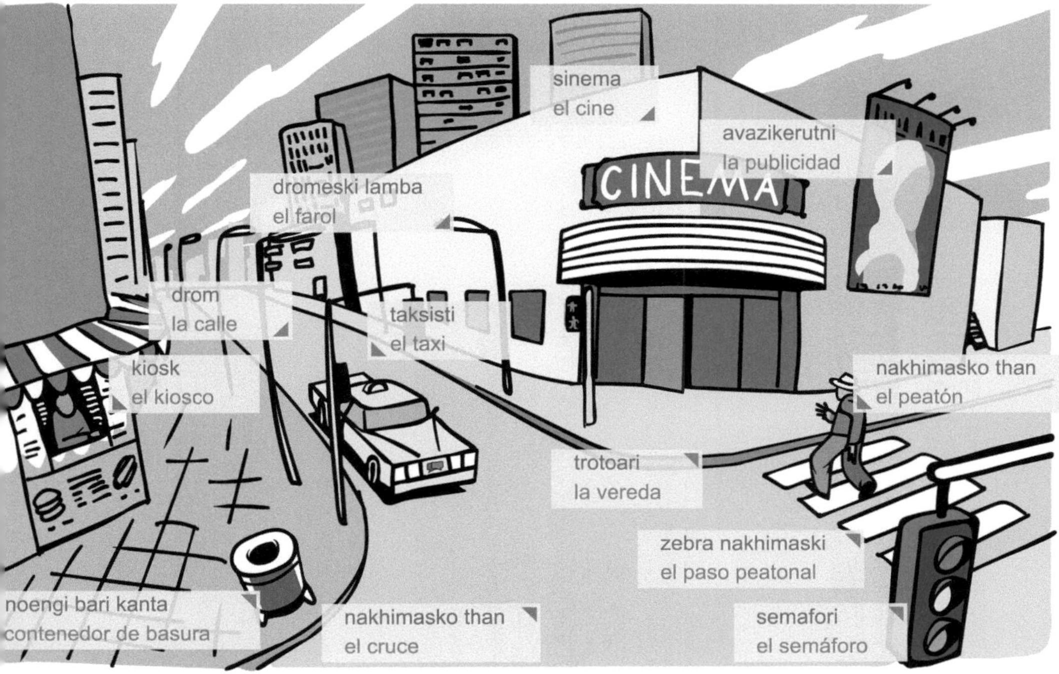

sinema
el cine

avazikerutni
la publicidad

dromeski lamba
el farol

CINEMA

drom
la calle

taksisti
el taxi

kiosk
el kiosco

nakhimasko than
el peatón

trotoari
la vereda

zebra nakhimaski
el paso peatonal

noengi bari kanta
contenedor de basura

nakhimasko than
el cruce

semafori
el semáforo

koliba

la cabaña

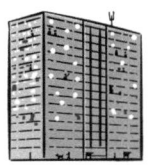

apartmani

el departamento

pampurengo stasioni

la estación de tren

dizyaki sala

la municipalidad

muzeji

el museo

škola

el colegio

univerziteto

la universidad

banka

el banco

hospitalo

el hospital

hoteli

el hotel

apoteka

la farmacia

ofiso

la oficina

lil bikinimasko than

la librería

dukyano

el negocio

lulugengo bikinutno

la florería

supermarket

el supermercado

kurko

el mercado

baro bikinimasko kher

las grandes tiendas

mačhengo astarutno

la pescadería

kinimasko centro

el centro comercial

vaporengo ačhovimasko
than

el puerto

parko

el parque

klupa

el banco

purt

el puente

merdevenya

las escaleras

metro stasioni

el subte

tuneli

el túnel

autobuseski adžikerin

la parada del colectivo

bar

el bar

restorani

el restaurante

poštako mohto

el buzón

dromesko išareti

el letrero

parking than

el parquímetro

zoo

el zoológico

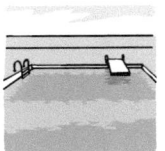

nangyovimasko bazeni

la pileta

džamiya

la mezquita

farma

la granja

melalipe

la contaminación

limorengo than

el cementerio

khangeri

la iglesia

khelimasko than

los juegos infantiles

hramo

el templo

pejzaži
el paisaje

patrin
la hoja

išareti
el poste indicador

drom
el camino

livazin
la pradera

bar
la piedra

kašt
el árbol

phiravno
el excursionista

len
el río

čar
la hierba

luludi
la flor

harno than
....
el valle

bairi
....
la montaña

devrijal
....
el lago

veš
....
el bosque

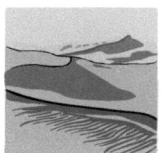

mulano than
....
el desierto

vulkano
....
el volcán

saraji
....
el castillo

renkali badalin
....
el arco iris

gaba
....
el champiñón

palma kašt
....
la palmera

sivrija
....
el mosquito

mak
....
la mosca

karandža
....
la hormiga

birumni
....
la abeja

pauko
....
la araña

buba

el escarabajo

žamba

la rana

ververica

la ardilla

kanzauri

el erizo

šošoj

la liebre

buf

la lechuza

pakšin

el pájaro

lebedi

el cisne

bali

el jabalí

eleno

el ciervo

eleno

el alce

pani garavin

la presa

bavlalaki turbina

el aerogenerador

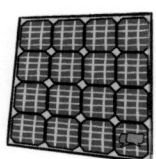

solarno paneli

el panel solar

klima

el clima

restorani
el restaurante

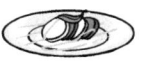

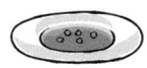

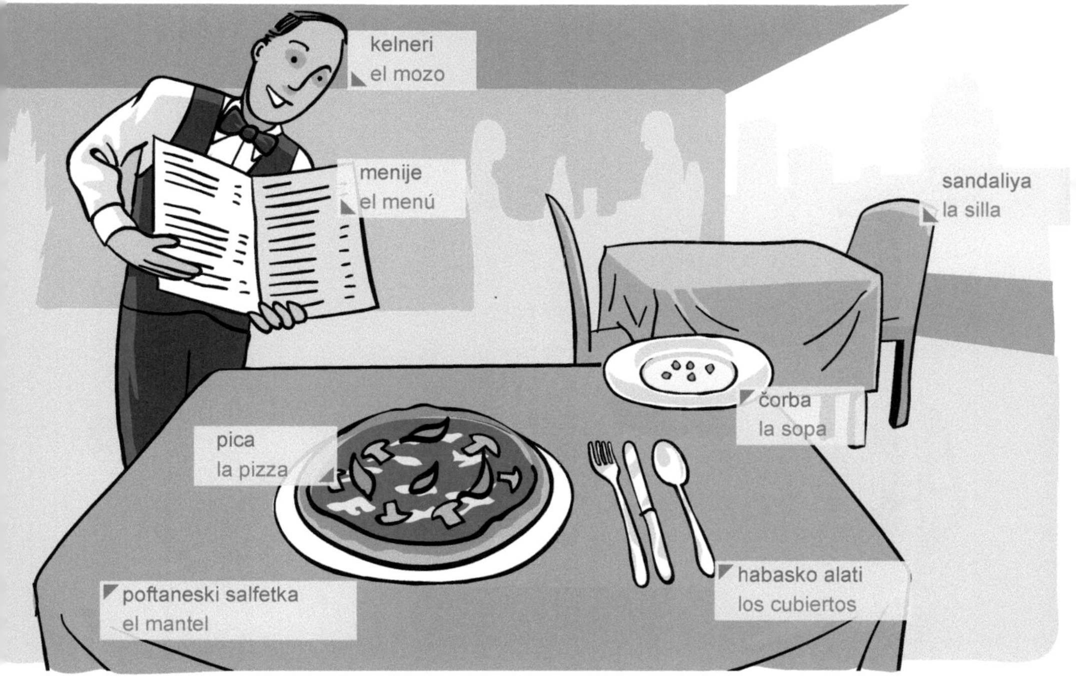
kelneri
el mozo
menije
el menú
sandaliya
la silla
čorba
la sopa
pica
la pizza
poftaneski salfetka
el mantel
habasko alati
los cubiertos

avgo habe
la entrada

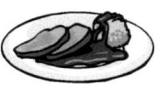

šerutno habe
el plato principal

gudlimata
el postre

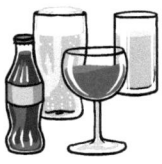

piiba
las bebidas

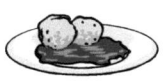

habe
la comida

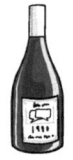

šiša
la botella

fast food

la comida rápida

sokakongo habe

la comida callejera

čajniko

la tetera

šekereskoro čaroro

la azucarera

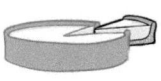

porcia

la porción

makina vaš espresso

la cafetera expreso

uči sandaliya

la sillita alta

esapi

la cuenta

apladiya

la bandeja

čhuri

el cuchillo

vilyuška

el tenedor

roj

la cuchara

čajeski roj

la cucharita

salfetka

la servilleta

tahtai

el vaso

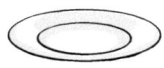

čaro
el plato

čaro čorbake
el plato hondo

hor čaro
el plato

sosi
la salsa

londesko čaroro
el salero

kale biberesko pišlo
el molinillo de pimienta

šut
el vinagre

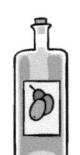

zejtini
el aceite

začinia
las especias

kečap
el kétchup

senf
la mostaza

majonezi
la mayonesa

supermarket

el supermercado

specialno oferta
la oferta especial
FOR
mušteriya
el cliente
thudeske butya
los lácteos
emiši
la fruta
vordonoro
el changuito

BUTCHERS

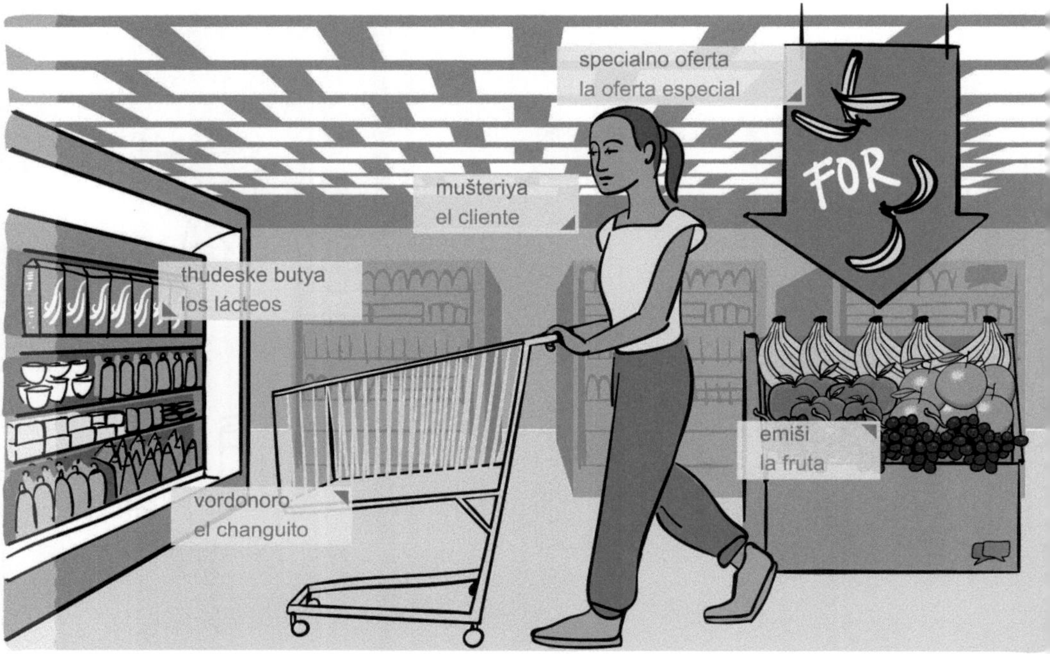

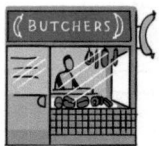

kasapi

la carnicería

BAKERY

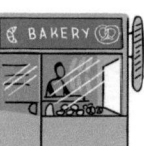

furuna

la panadería

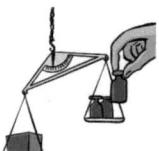

ladavipe

pesar

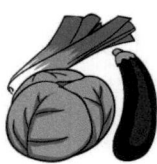

zarzavati

las verduras

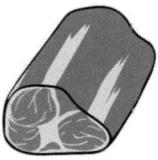

masesko rolati

la carne

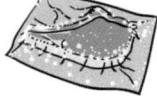

pahome habe

los alimentos congelados

šudro mas

los fiambres

konzerva

los alimentos enlatados

thovimasko prašako

el detergente en polvo

gudlimata

las golosinas

khereske butya

los electrodomésticos

užarimaske butya

los productos de limpieza

bikinutno

la vendedora

kasapi

la caja

kasieri

el cajero

kinimaski patrin

la lista de compras

putarimaske satura

el horario de atención

lovengi tašna

la billetera

kreditno kartica

la tarjeta de crédito

gono

la cartera

plastikano gono

la bolsa de plástico

pani

el agua

džus

el jugo

thud

la leche

kola

la bebida cola

mol

el vino

bira

la cerveza

alkohol

el alcohol

kakao

el cacao

čaj

el té

kafa

el café

espresso

el café expreso

cappuccino

el cappuccino

banana

la banana

phabaj

la manzana

portokali

la naranja

kavuni

el melón

limoni

el limón

karota

la zanahoria

sir

el ajo

bambusi

el bambú

purum

la cebolla

gaba

el champiñón

akhora

las nueces

humereske butya

los fideos

špageti

los tallarines

rezo

el arroz

salata

la ensalada

čipsi

las papas fritas

peke kompiria

las papas fritas

pica

la pizza

hamburger

la hamburguesa

sendviči

el sándwich

kotleti

el churrasco

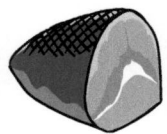

žamboni

el jamón

salama

el salame

goja

la salchicha

khajnako mas

el pollo

peko

el asado

mačho

el pescado

popara

los copos de avena

musli

el muesli

kornfleks

los copos de maíz

varo

la harina

kroasani

la medialuna

masesko rolati

el pancito

maro

el pan

tosti

la tostada

biskotia

las galletitas

puteri

la manteca

urda

la cuajada

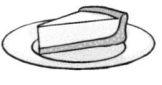

torta

la torta

jaro

el huevo

peke jare

el huevo frito

kiral

el queso

šudro gudlo

el helado

šekeri

el azúcar

avgin

la miel

džem

la mermelada

čokoladaki krema

la pasta de chocolate

kari

el curry

farma
la granja

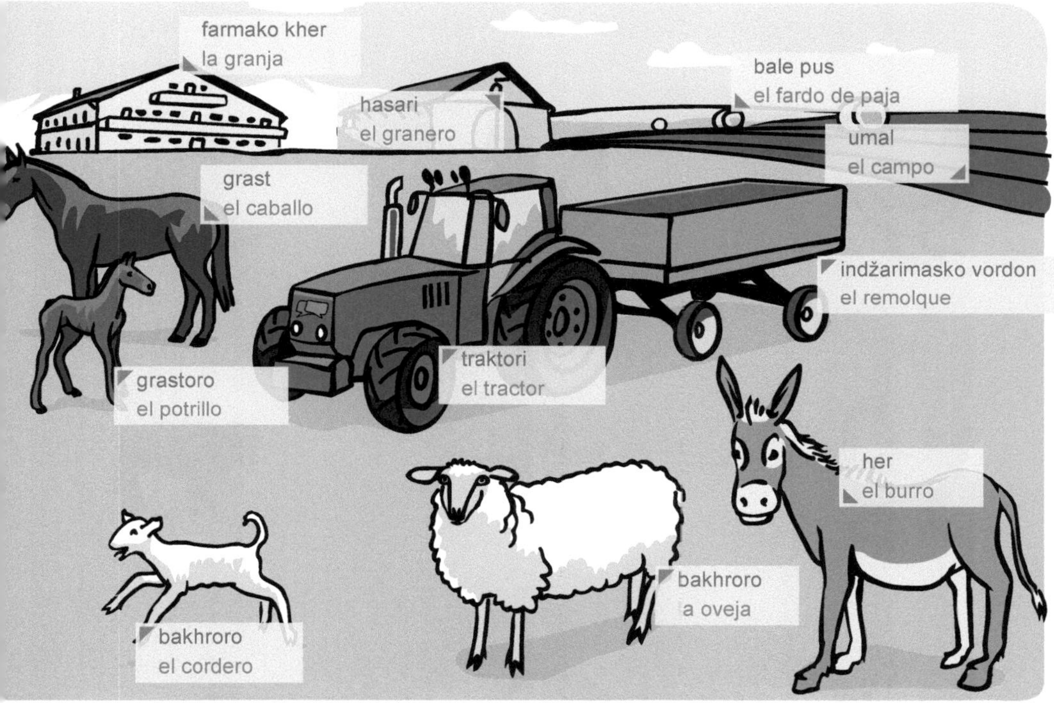

farmako kher
la granja
hasari
el granero
bale pus
el fardo de paja
umal
el campo
grast
el caballo
indžarimasko vordon
el remolque
traktori
el tractor
grastoro
el potrillo
her
el burro
bakhroro
a oveja
bakhroro
el cordero

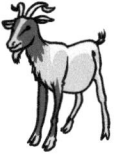

buzno

la cabra

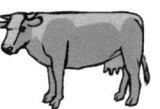

guruvni

la vaca

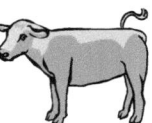

guruvoro

el ternero

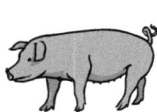

balo

el cerdo

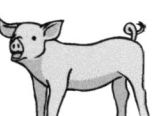

baloro

el lechón

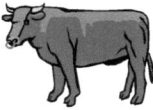

guruv

el toro

papin

el ganso

payka

el pato

pilička

el pollo

khayni

la gallina

bašno

el gallo

baro germuso

la rata

bilika

el gato

germuso

el ratón

guruv

el buey

džukel

el perro

džukelesko kher

la cucha

žardina

la manguera

panyarimaski kanta

la regadera

aindžako kidimasko alati

la guadaña

plugo

el arado

srpo

la hoz

motika

la azada

aindžaki vilyuška

la horquilla

tover

el hacha

vordonoro phiravutno

la carretilla

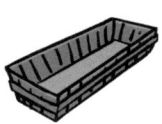

balani

el abrevadero

thudeski šiša

la lechera

harari

la bolsa

trujalutni

la reja

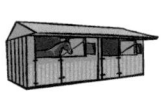

jahri

el establo

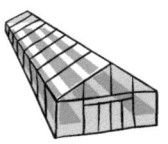

haryalo kher

el invernadero

phuv

el suelo

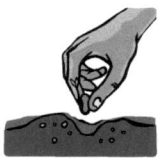

seme

la semilla

gyubre

el fertilizador

aindžako kidipe

la cosechadora

farma - la granja

kidibe aindž

cosechar

harmani

la cosecha

phuvaki phabaj

las batatas

giv

el trigo

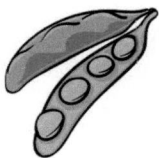

soja

la soja

kompiri

la papa

mumuruzi

el maíz

šarlagani

la semilla de colza

emišengo kašt

el árbol frutal

Kasava

la mandioca

giveskere javinlukoja

los cereales

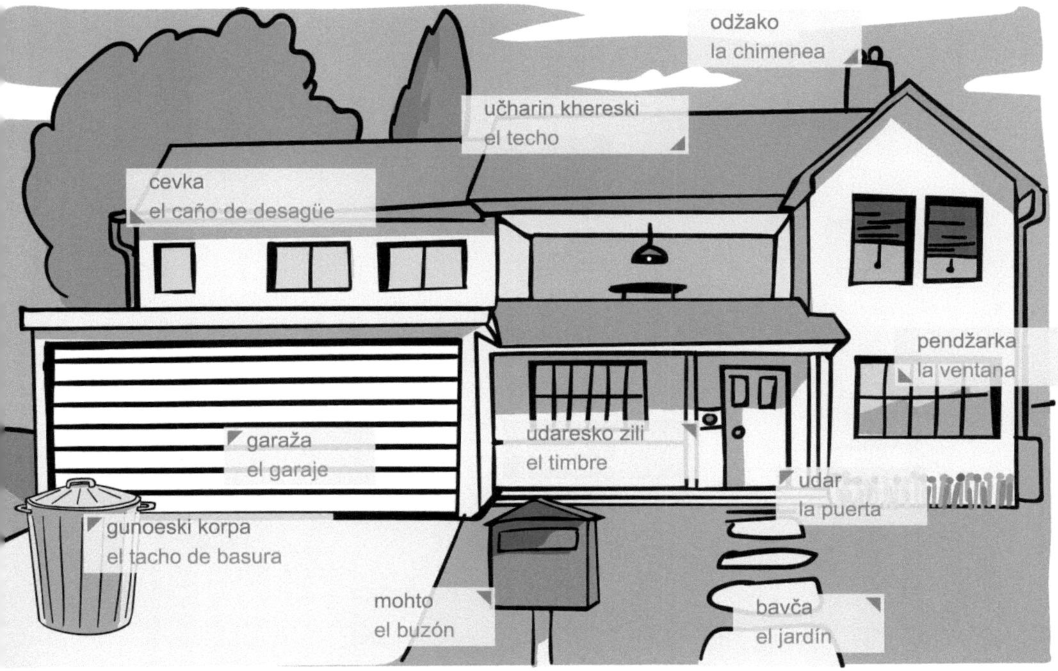

odžako
la chimenea

učharin khereski
el techo

cevka
el caño de desagüe

pendžarka
la ventana

garaža
el garaje

udaresko zili
el timbre

udar
la puerta

gunoeski korpa
el tacho de basura

mohto
el buzón

bavča
el jardín

bešimaski kamara

el living

banya

el baño

kujna

la cocina

sovimasko than

el dormitorio

čhavengi kamara

el cuarto de los chicos

than hajbaske rakjako habe

el comedor

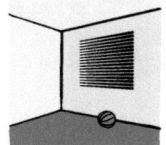

kati

el piso

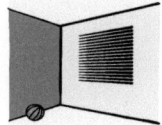

duvari

la pared

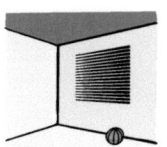

tavano

el cielorraso

špajzi

el sótano

sauna

el sauna

terasa

el balcón

terasa

la terraza

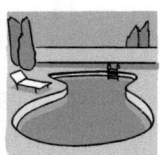

bazeni

la pileta

čar harnyarimaski makina

la cortadora de pasto

patrin

la sábana

čaršafia

el acolchado

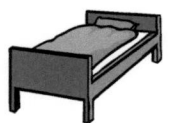

kreveto

la cama

šulavni

la escoba

korpa

el balde

elektrikani phabarin

el interruptor

bešimaski kamara
el living

tapeta
el empapelado
tasviri
la imagen
lamba
la lámpara
rafti
el estante
ormari
el armario
televiziya
la televisión
jagako than
la chimenea
luludi
la flor
šerand
el almohadón
sofa
el sofá
vazna
el florero
durutni komanda
el control remoto

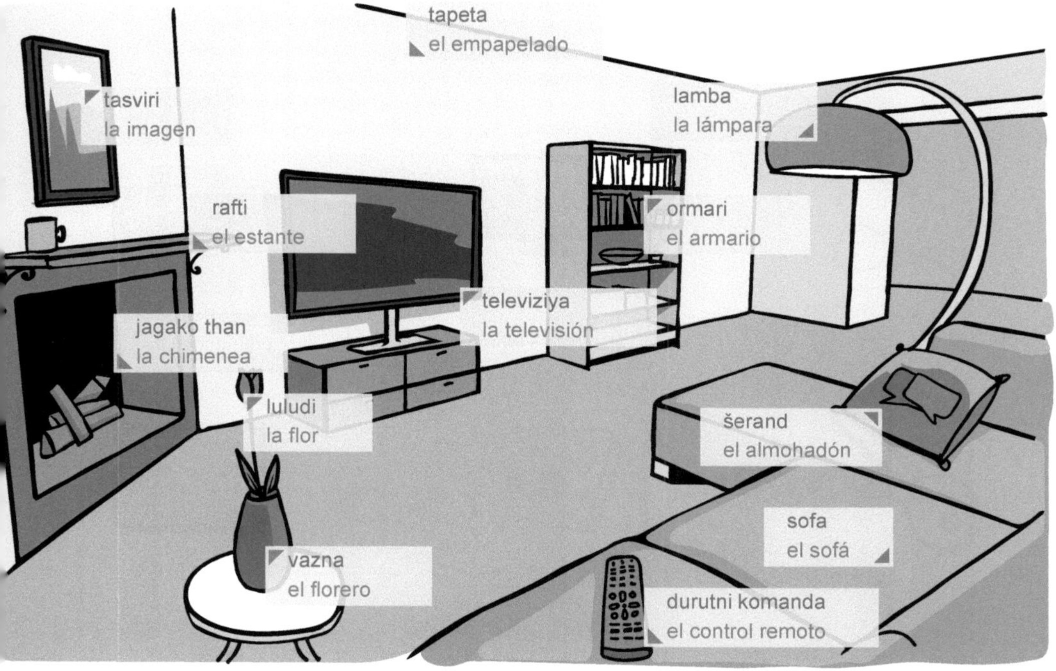

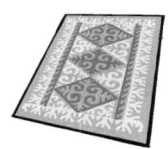

kilimi

la alfombra

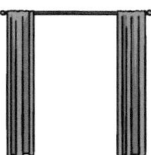

perde

la cortina

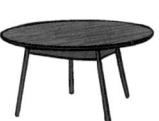

masa

la mesa

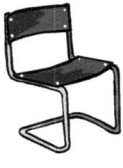

sandaliya

la silla

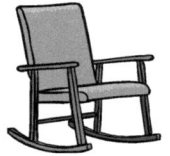

kunajka sandaliya

la mecedora

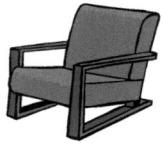

fotelya

el sillón

lil
············
el libro

kebe
············
la frazada

dekoraciya
············
la decoración

kašta phabarimaske
············
la leña

filmi
············
la película

stereo ašunimaske butya
············
el equipo de música

nahtari
············
la llave

gazeta
············
el diario

frčaja bojakeribe
············
la pintura

posteri
············
el póster

radio
············
la radio

hramovimasko bloko
············
el cuaderno

elektrikani šulavni
············
la aspiradora

kaktusi
············
el cactus

momoli
············
la vela

kujna
la cocina

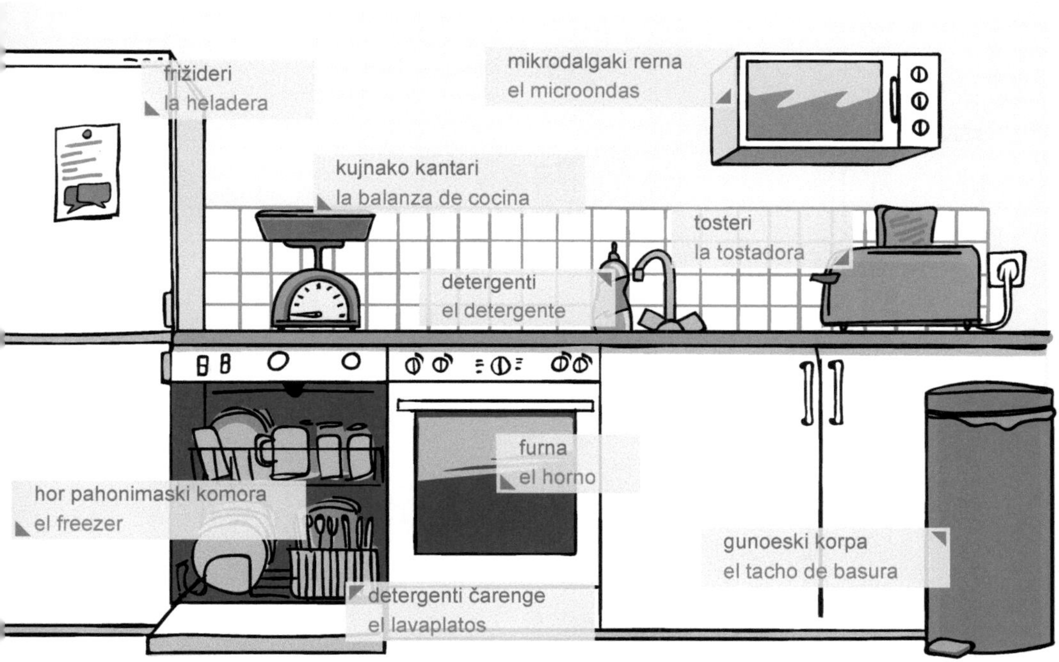

frižideri
la heladera
mikrodalgaki rerna
el microondas
kujnako kantari
la balanza de cocina
tosteri
la tostadora
detergenti
el detergente
furna
el horno
hor pahonimaski komora
el freezer
gunoeski korpa
el tacho de basura
detergenti čarenge
el lavaplatos

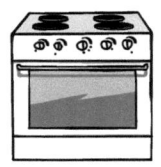

keravimasko than

la cocina

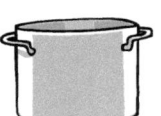

čaro

la olla

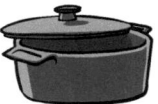

sastrnali tendžera

la olla de hierro fundido

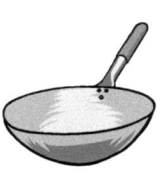

vok cihani

el wok

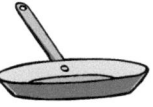

tava

la sartén

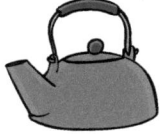

elektrikano bokali

la pava

tendžera ki para
la vaporera

tepsija
la bandeja de horno

čare
la vajilla

bareder fildžano
la taza

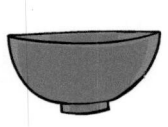

čaro
el bol

kinakere habaskere kaštore

los palitos

fioka
el cucharón

špatula
la espátula

vastesko mikseri
la batidora

cedimasko čaro
el colador

porizen
el colador

rende
el rallador

avano
el mortero

skara
la parrilla

puteribe jag
la fogata

čhinimaski tabla

la tabla de picar

oklagia

el palo de amasar

puterimasko alati

el sacacorchos

konzerva

la lata

konzervako puterutno

el abrelatas

čaresko ikerutno

la manopla

lavabo

la pileta

frča

el cepillo

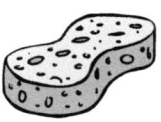

sungeri

la esponja

mikseri

la batidora

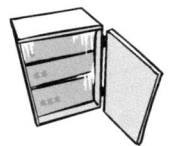

hor pahonimasko frižideri

el congelador

bebeski šiša

la mamadera

češma

la canilla

banya
el baño

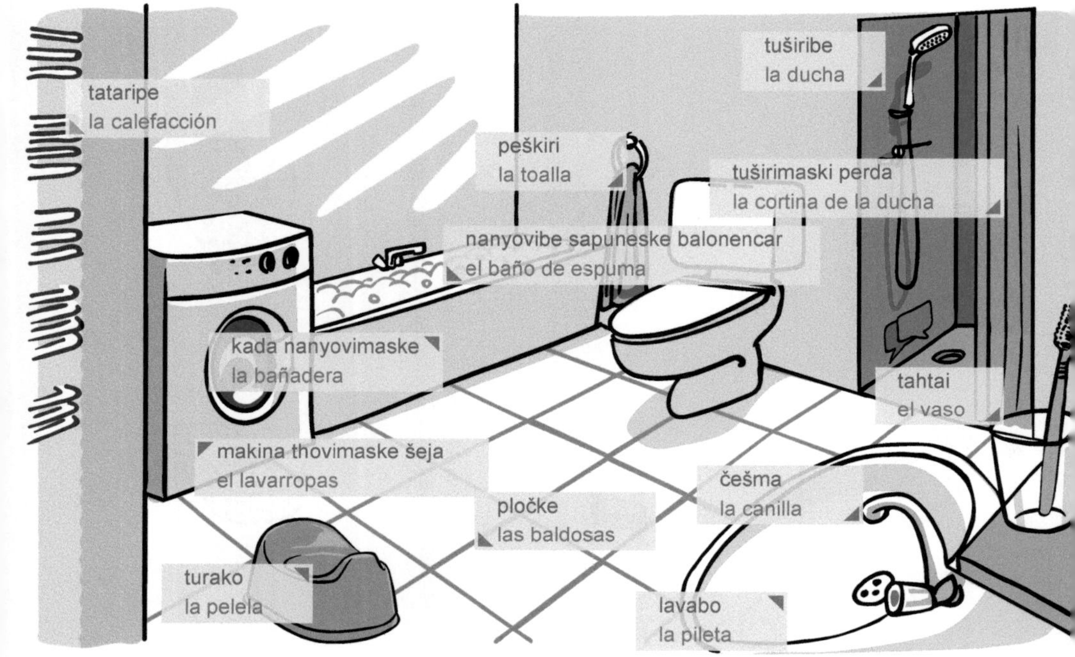
tataripe
la calefacción
tuširibe
la ducha
peškiri
la toalla
tuširimaski perda
la cortina de la ducha
nanyovibe sapuneske balonencar
el baño de espuma
kada nanyovimaske
la bañadera
tahtai
el vaso
makina thovimaske šeja
el lavarropas
češma
la canilla
pločke
las baldosas
turako
la pelela
lavabo
la pileta

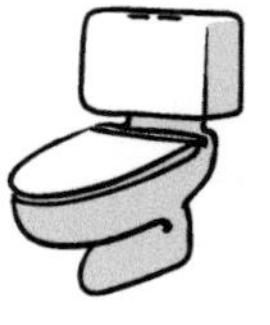
toaleti
el inodoro

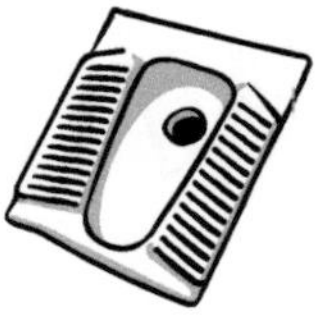
toaleti bešimasa ko pundre
la letrina

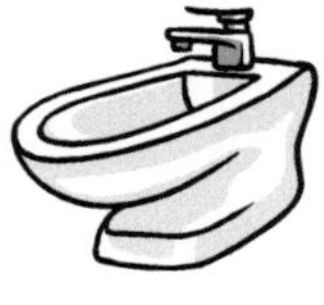
bide
el bidé

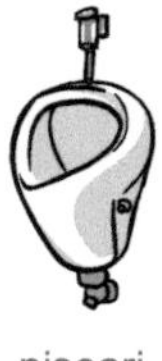
pisoari
el mingitorio

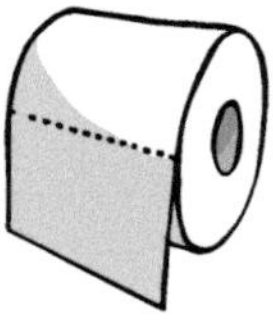
toaletesko lil
el papel higiénico

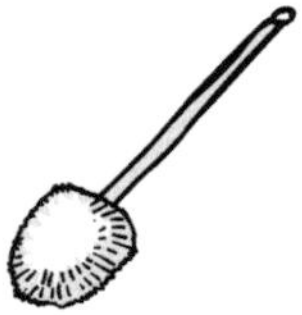
frča toaleteske
el cepillo para el inodoro

danda thovimaski frča

el cepillo de dientes

danda thovimaski krema

el dentífrico

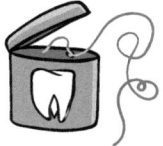

dandesko thav

el hilo dental

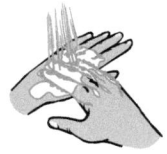

thovibe danda

lavar

vasteskoro tuši

la ducha de mano

tuši

la ducha higiénica

lavabo

la palangana

dumeski frča

el cepillo para la espalda

sapuni

el jabón

tuširimasko geli

el gel de ducha

šamponi

el shampoo

flanela

la toallita

kada ćidimaske pani

el desagüe

krema

la crema

dezodoransi

el desodorante

ajna

el espejo

vasteski ajna

el espejito

žileti moravimaske

la maquinita de afeitar

moravimaski pena

la espuma de afeitar

palal muravimaski krema

el aftershave

kanglik

el peine

frča

el cepillo

feni balenge

el secador de pelo

sprej balenge

el spray

šminka

el maquillaje

karmini

el lápiz de labios

oja najenge

el esmalte para uñas

pamuko pošom

el algodón

kata najenge

la tijera para uñas

parfemi

el perfume

gono thovimaske

el portacosméticos

sandaliya

la banqueta

tereziya

la balanza

bademantili

la bata

gumena kalcunya

los guantes de goma

tamponi

el tampón

toaletno lil

la toallita femenina

hemikano toaleti

el baño químico

čhavengi kamara

el cuarto de los chicos

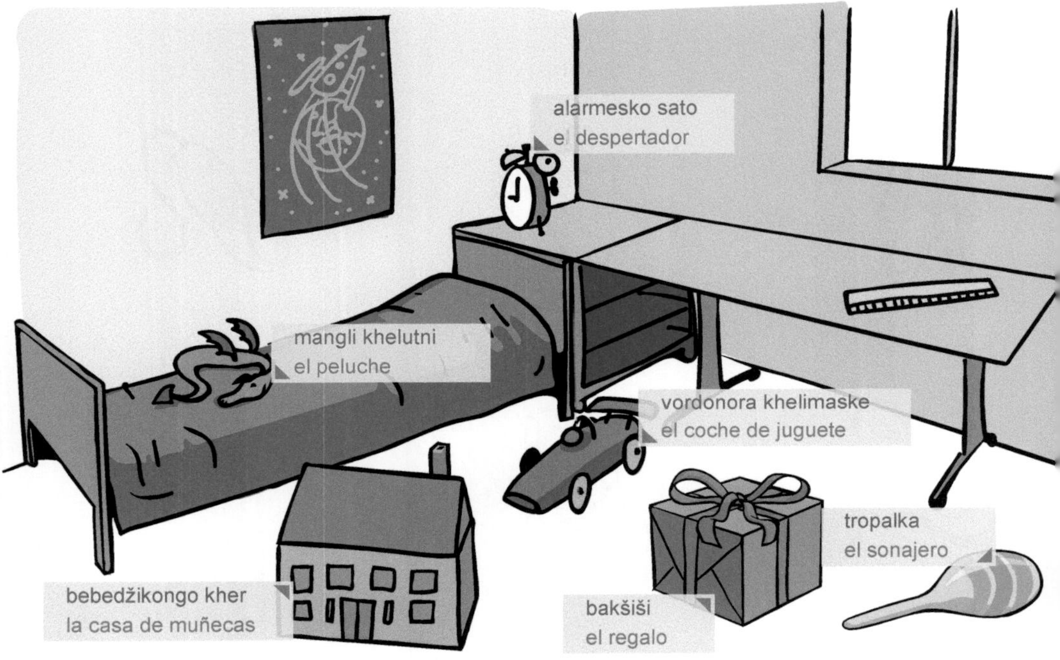
alarmesko sato
el despertador
mangli khelutni
el peluche
vordonora khelimaske
el coche de juguete
tropalka
el sonajero
bebedžikongo kher
la casa de muñecas
bakšiši
el regalo

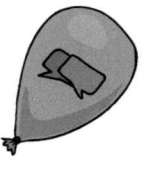

baloni

el globo

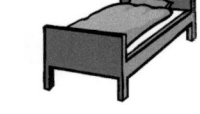

kreveto

la cama

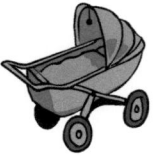

bebengo vordon

el cochecito

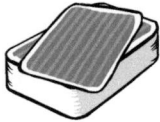

špili karte

las cartas

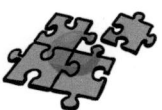

ker-rumin khelin

el rompecabezas

SUPER MEGA

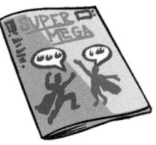

komikano lil

la historieta

lego kocke

las piezas de lego

kocke khelimaske

los ladrillos de juguete

akciaki figura

la figura de acción

bodi bebeske

el enterito (de bebé)

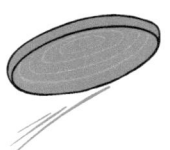

frizbi

el frisbee

mobile

el móvil para bebés

masa khelimaske

el juego de mesa

zari

los dados

pampuri khelimaske

el tren eléctrico

cucla

el chupete

bahlana

la fiesta

tasvirengo lil

el libro de cuentos ilustrado

topka

la pelota

bebedžiko

la muñeca

khelibe

jugar

pošikako than
....
el arenero

kuna
....
la hamaca

khelimaske butya
....
los juguetes

konzola video khelimaske
....
la consola de videojuegos

triciklo
....
el triciclo

poftaneski ričini
....
el osito de peluche

garderoba
....
el armario

šeja

la ropa

kalcunya
....
las medias

khuvde kalcunya
....
las medias panty

hulahopke
....
las calzas

momija
la bufanda

kaiši
el cinturón

čadori
el paraguas

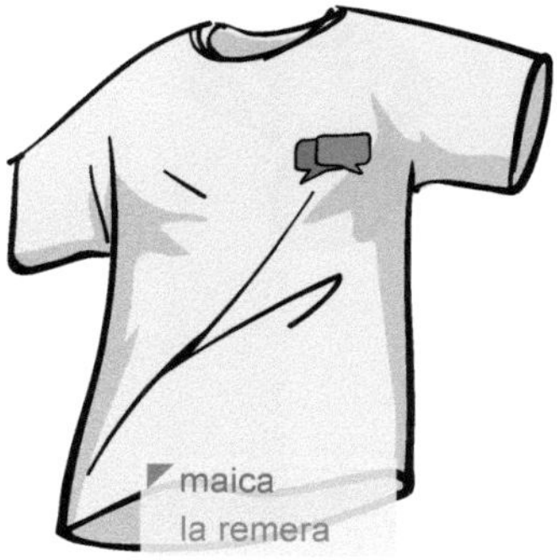

maica
la remera

čizme
las botas

papuče
las pantuflas

trenerke
las zapatillas

sandale
las sandalias

menije
los zapatos

gumena čizme
las botas de goma

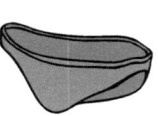

sostenya
la ropa interior

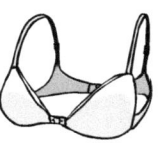

eleko
el corpiño

jeleko
el chaleco

bodi
....
el body

pantalonya
....
los pantalones

farmerke
....
los jeans

suknya
....
la pollera

bluza
....
la blusa

gat
....
la camisa

puloveri
....
el pulóver

dukseri
....
el buzo

harno kaputi
....
el blazer

džeketi
....
la campera

kaputi
....
el tapado

biršimdesko mantili
....
el piloto

kostimi
....
el traje

fustano
....
el vestido

prandinako fustano
....
el vestido de novia

kostumi

el traje

rakjako fustano

el camisón

pižame

el pijama

sari

el sari

momija šereske

el pañuelo para la cabeza

turbani

el turbante

burka

la burka

kaftani

el caftán

abaya

la abaya

nangyovimaske šeja

el traje de baño

buxle pantolonya

el short de baño

harne pantolonya

los shorts

sporteske trenerke

el jogging

kecelya

el delantal

vasteske kalcunya

los guantes

šeja - la ropa

kopča

el botón

gjuzlukya

los anteojos

belegziya

la pulsera

mirikle

el collar

angrustik

el anillo

čeni

el aro

stadik

la gorra

kaputeski čiviya

la percha

stadik

el sombrero

kravata

la corbata

patenti

el cierre

kaciga

el casco

dandenge proteze

los tiradores

školaki uniforma

el uniforme escolar

uniforma

el uniforme

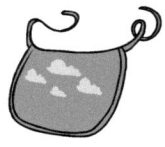

ligarka

el babero

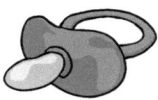

cucla

el chupete

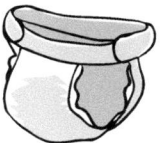

pherno

el pañal

ofiso

la oficina

serveri
el servidor
raftija dokumentenca
el archivero
printeri
la impresora
monitori
el monitor
lil
el papel
masa butyake
el escritorio
mausi
el mouse
folderi
la carpeta
tastatura
el teclado
sandaliya
la silla
korpa čhudimaske lila
el tacho (de basura)
kompjuteri
la computadora

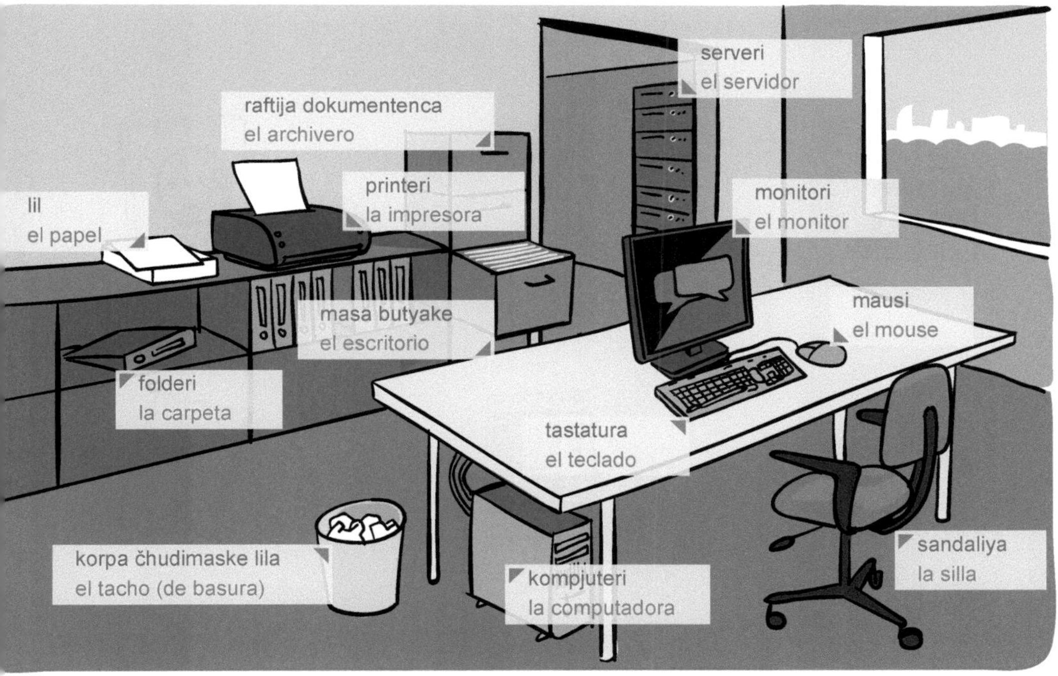

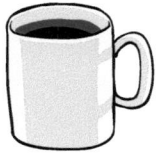

fildžano kafake

la taza de café

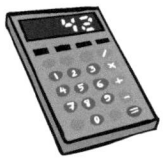

kalkulatori

la calculadora

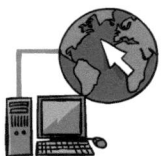

internet

el internet

laptop

la laptop

lil

la carta

mesaži

el mensaje

mobilno telefono

el celular

netvorko

la red

kopirimaski makina

la fotocopiadora

softveri

el software

telefono

el teléfono

štekeri

el tomacorriente

faks makina

el fax

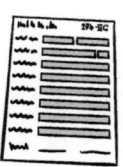

formulari

el formulario

dokumento

el documento

kinibe

comprar

pokinibe

pagar

kino-bikinibe

hacer negocios

love

el dinero

dolari

el dólar

euro

el euro

jeni

el yen

rublya

el rublo

švajcariako franko

el franco suizo

renminbi juan

el yuan

rupija

la rupia

lovengo automati

el cajero automático

biro baši devize

la casa de cambio

somnakaj

el oro

rup

la plata

petroli

el petróleo

energia

la energía

fiyati

el precio

kontrakto

el contrato

taksa

el impuesto

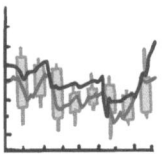

berzaki akcija

la acción

butikeribe

trabajar

butyarno

el empleado

butyako dendutno

el empleador

fabrika

la fábrica

dukyano

el negocio

profesie

las ocupaciones

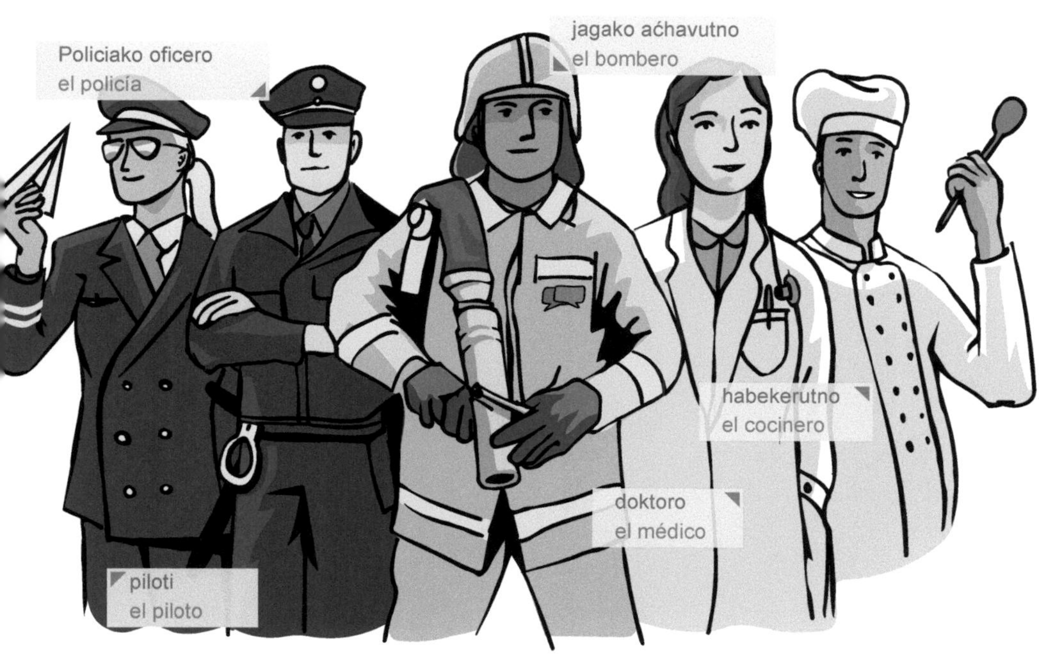

Policiako oficero
el policía
jagako aćhavutno
el bombero
habekerutno
el cocinero
doktoro
el médico
piloti
el piloto

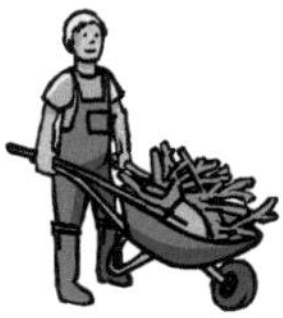

bavčako butyarno

el jardinero

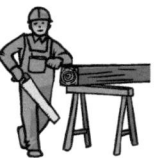

tišleri

el carpintero

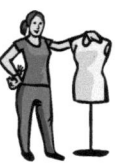

šnajderka

la modista

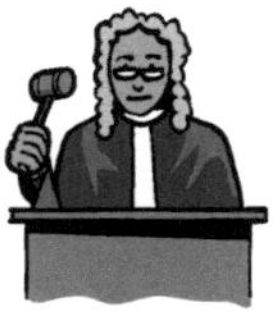

krisuno

el juez

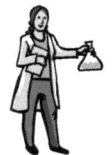

hemičari

el farmacéutico

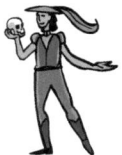

akteri

el actor

autobusesko šoferi

el colectivero

taksisti

el taxista

mačhengo astarutno

el pescador

užarutni

la mucama

učharinengo kerutno

el techista

kelneri

el mozo

avdžija

el cazador

tasvirkerutno

el pintor

furnadžia

el panadero

elektrikako phirno

el electricista

tamirutno

el albañil

inžinjeri

el ingeniero

kasapi

el carnicero

panjesko butyarno

el plomero

poštari

el cartero

askeri

el soldado

arhitekto

el arquitecto

kasieri

el cajero

luludyari

el florista

frizeri

el peluquero

kondukteri

el cobrador

mekanisti

el mecánico

kapetani

el capitán

dandengo saslyarno

el dentista

vigjanalo manuš

el científico

rabini

el rabino

imami

el imán

rašaj

el monje

rašaj

el sacerdote

alatia
las herramientas

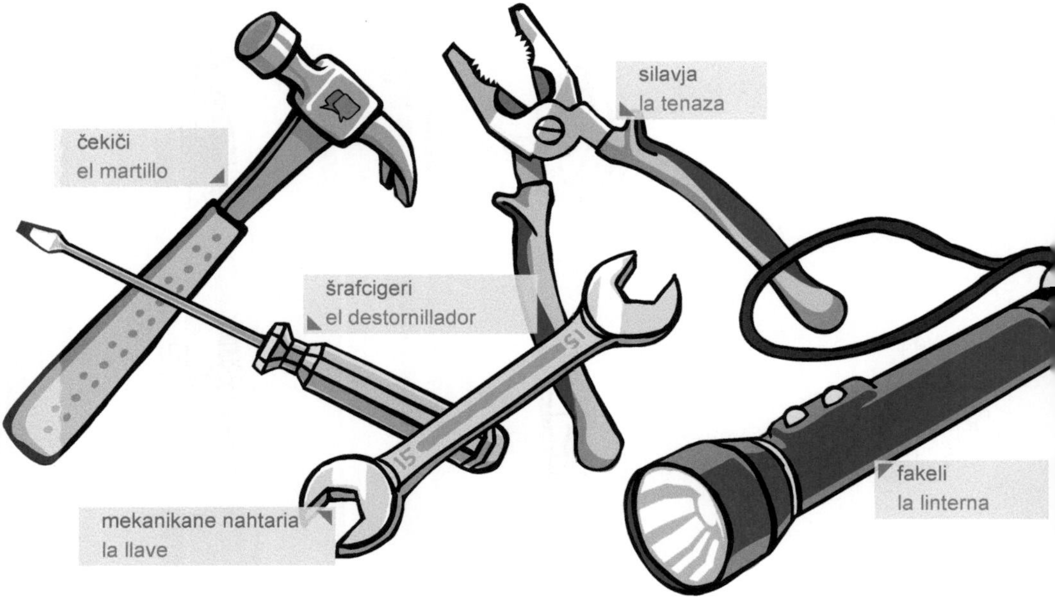
čekiči
el martillo
silavja
la tenaza
šrafcigeri
el destornillador
mekanikane nahtaria
la llave
fakeli
la linterna

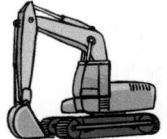

hrandimasko alati

la excavadora

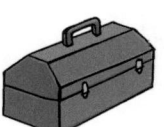

alateski kutia

la caja de herramientas

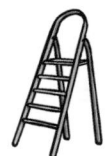

merdeveni

la escalera portátil

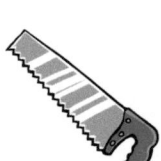

pila

la sierra

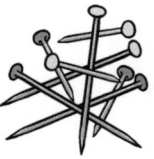

karfa

los clavos

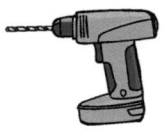

posavin

el taladro

lačharkeribe
....
arreglar

lopata
....
la pala de jardín

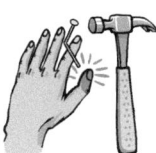

Naleti!
....
¡Qué bronca!

vatrali
....
la pala de plástico

lonco bojimaske
....
el tacho de pintura

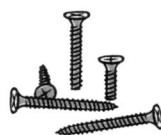

šrafja
....
los tornillos

muzikane instrumentia
los instrumentos musicales

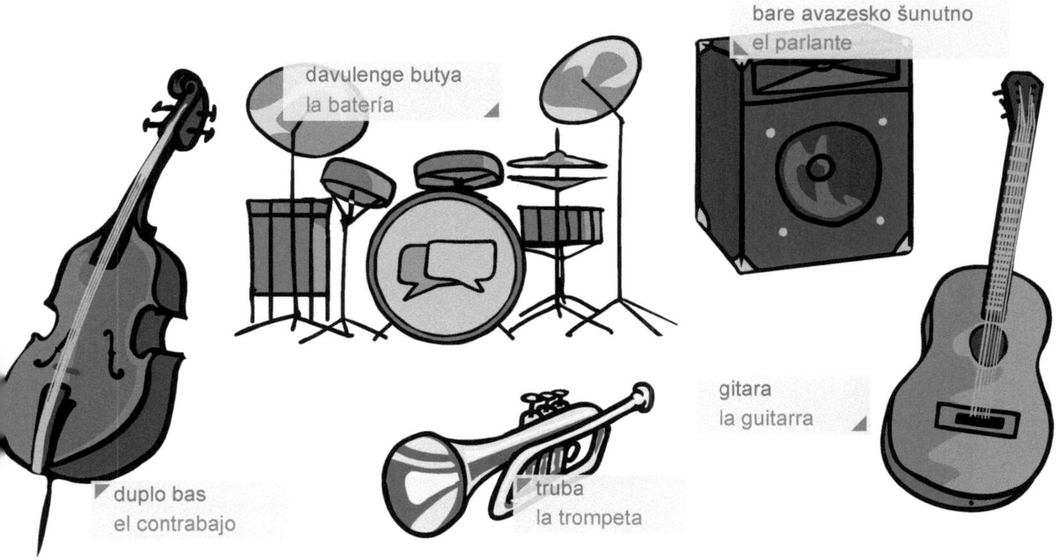

davulenge butya
la batería

bare avazesko šunutno
el parlante

gitara
la guitarra

duplo bas
el contrabajo

truba
la trompeta

piano
el piano

kemana
el violín

bas
el bajo

timpani
los timbales

davulia
el tambor

sintisajzeri
el teclado

saksafoni
el saxofón

flejta
la flauta

mikrofoni
el micrófono

khuvin
la entrada

tigari
el tigre

kafezi
la jaula

zebra nakhimaski
la cebra

hajvanengo parvaripe
el alimento para animales

panda
el oso panda

hajvania
....
los animales

elefanti
....
el elefante

kenguri
....
el canguro

rino
....
el rinoceronte

gorila
....
el gorila

ričini
....
el oso

kamila

el camello

ostriga

el avestruz

aslani

el león

majmuni

el mono

flamingo

el flamenco

papagali

el loro

polarno ričini

el oso polar

pingvini

el pingüino

ajkula

el tiburón

pauno

el pavo real

sap

la serpiente

krokodilo

el cocodrilo

zoo arakhutno

el cuidador del zoológico

foka

la foca

jaguari

el jaguar

poni

el poni

leopardi

el leopardo

hipo

el hipopótamo

žirafa

la jirafa

zorale kandžengi paškin

el águila

bali

el jabalí

mačho

el pescado

želka

la tortuga

morži

la morsa

lumri

el zorro

gazela

la gacela

Amerikako fudbali
el fútbol americano

biciklizmo
el ciclismo

tenis
el tenis

basketboli
el básquet

nangjovibe
la natación

hokej ko paho
el hockey sobre hielo

boksi
el boxeo

fudbali

el fútbol

badmington

el bádminton

atletika

el atletismo

vasteskoboli

el handball

skiibe

el esquí

polo

el polo

aktivitetia
las actividades

asaibe
reír
hutibe
saltar
deibe angali
abrazar
phiribe
caminar
giljavibe
cantar
dikhibe suno
soñar
azirikeribe
rezar
čumibe
besar

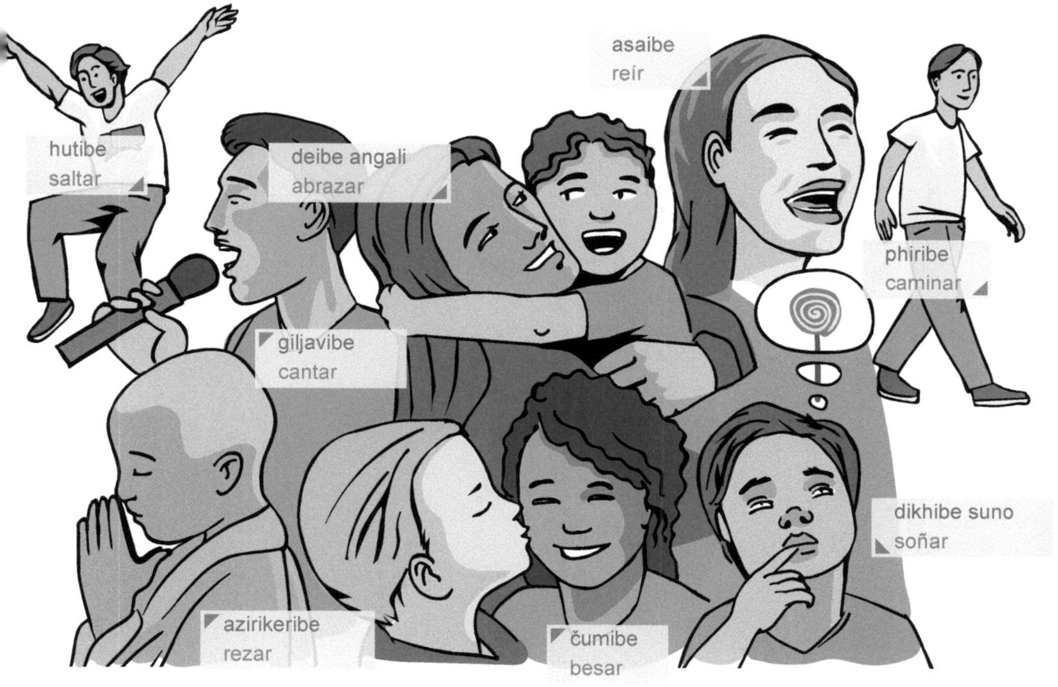

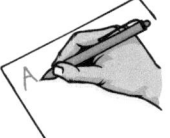

hramovibe

escribir

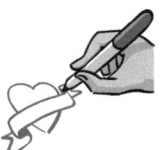

čitribe

dibujar

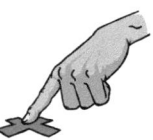

sikavibe

mostrar

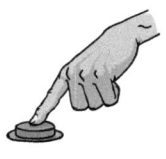

cidljaribe

presionar

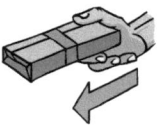

deibe

dar

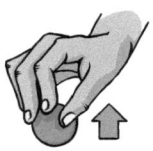

leibe

tomar

isibe

tener

keribe

hacer

te ovel

ser

tergyovibe

estar parado

prastaibe

correr

cidibe

tirar

čhudibe

tirar

peribe

caer

hovavibe

estar acostado

adžikeribe

esperar

phiravibe

llevar

bešibe

estar sentado

urjavibe

vestirse

sovibe

dormir

džangavibe

despertar

dikhibe ko

mirar

rovibe

llorar

čalavibe

acariciar

uhlavibr

peinar

vakeribe

hablar

haljovibe

entender

puč

preguntar

šunibe

escuchar

piibe

beber

habe

comer

užaribe

ordenar

kamibe

amar

keribe habe

cocinar

paldibe vordon

manejar

urjalibe

volar

vaporea džaibe

navegar

kalkulirin

calcular

drabaribe

leer

sikljovibe

aprender

butikeribe

trabajar

prandibe

casarse

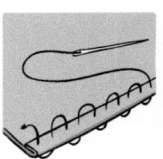

suvibe

coser

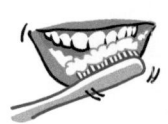

thovibe danda

cepillarse los dientes

mudaribe

matar

piibe dahani

fumar

bičhalibe

enviar

familiya
la familia

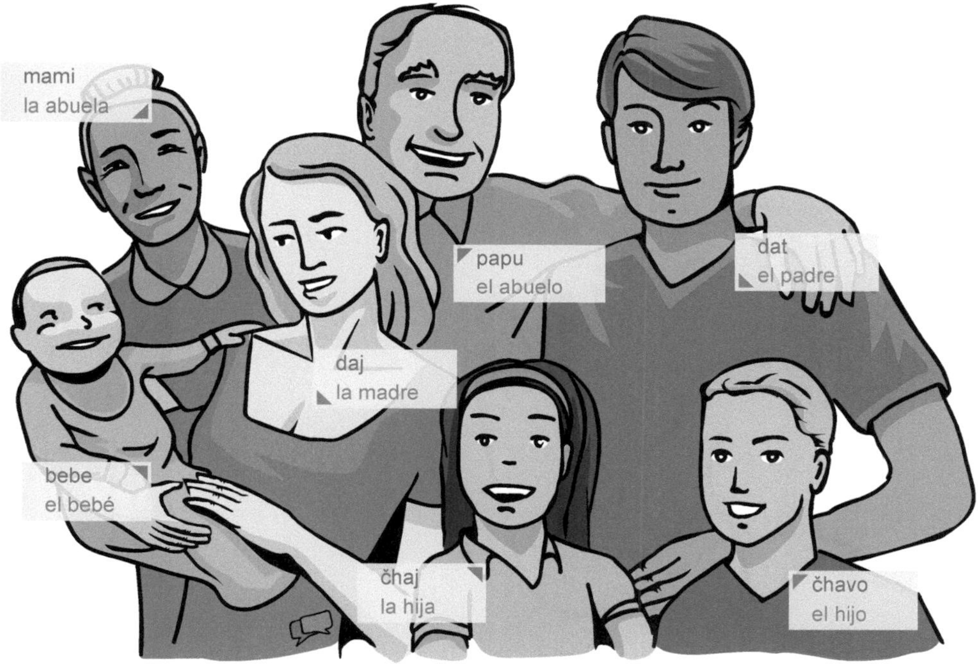

mami
la abuela
papu
el abuelo
dat
el padre
daj
la madre
bebe
el bebé
čhaj
la hija
čhavo
el hijo

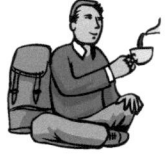

misafiri

el invitado

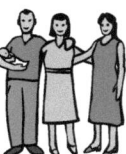

bibi

la tía

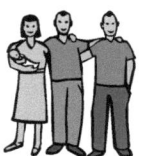

kako

el tío

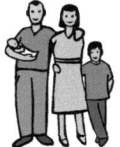

phral

el hermano

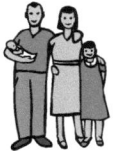

phen

la hermana

trupo
el cuerpo

čekat
la frente
jakh
el ojo
piko
el hombro
naj
el dedo
muj
la cara
vilica
la pera
vast
la mano
pundro
la pierna
čuči
el pecho
musik
el brazo

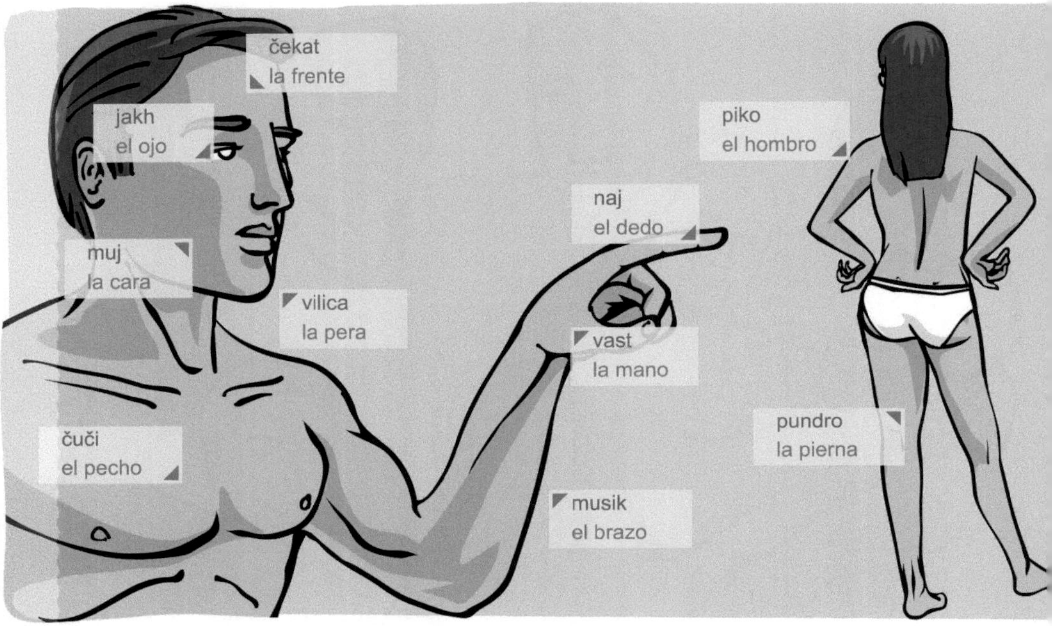

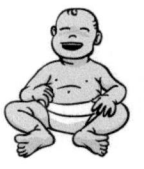

bebe
el bebé

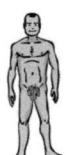

murš
el hombre

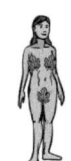

džuvli
la mujer

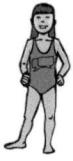

čhaj
la nena

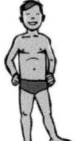

ćhavo
el nene

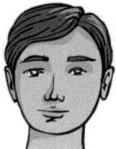

šero
la cabeza

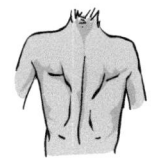

dumo

la espalda

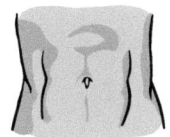

maškar

la panza

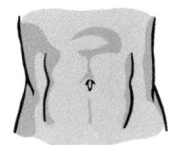

pupko

el ombligo

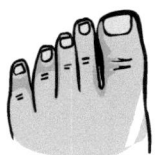

pundrenge naja

el dedo del pie

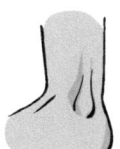

patum

el talón

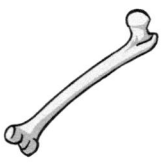

kokalo

el hueso

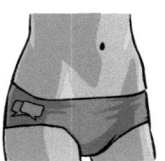

kuko

la cadera

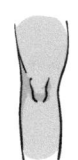

koč

la rodilla

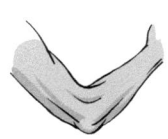

lahci

el codo

nakh

la nariz

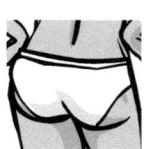

bul

la cola

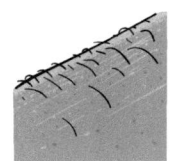

mortik

la piel

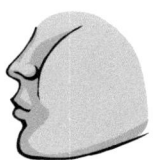

čham

el cachete

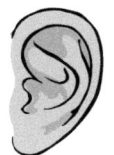

kan

la oreja

voš

el labio

muj

la boca

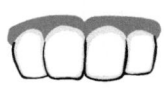

danda

el diente

ćhib

la lengua

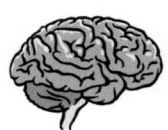

godi

el cerebro

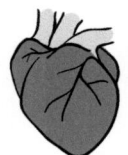

vilo

el corazón

muskulo

el músculo

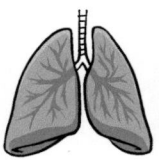

kolin

el pulmón

buko

el hígado

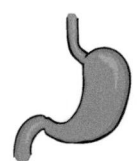

vogi

el estómago

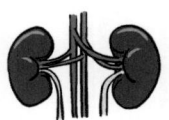

bubrekora

los riñones

seks

el sexo

kondomi

el preservativo

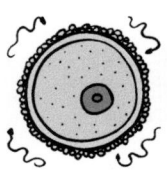

yarengi kletka

el óvulo

sperma

el semen

khamnipe

el embarazo

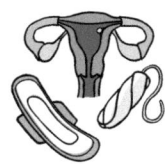

menstruaciya
la menstruación

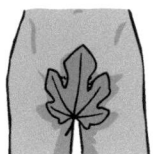

vagina
la vagina

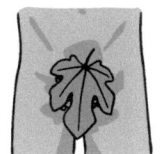

penis
el pene

phov
la ceja

bala
el pelo

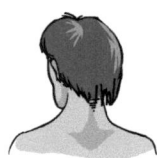

men
el cuello

hospitalo
el hospital

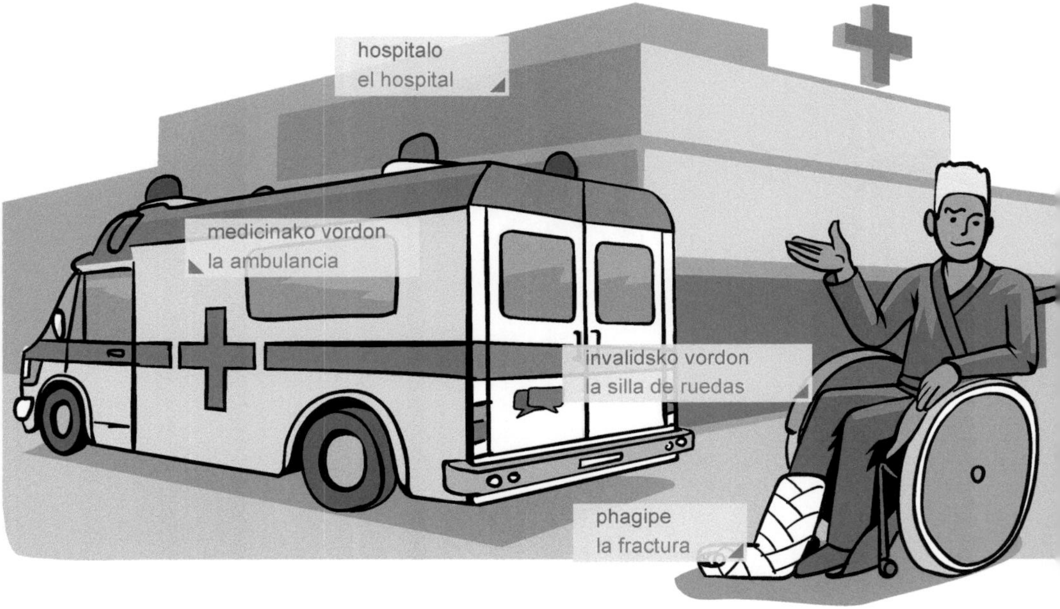

hospitalo
el hospital
medicinako vordon
la ambulancia
invalidsko vordon
la silla de ruedas
phagipe
la fractura

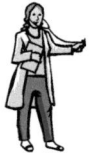

doktoro

el médico

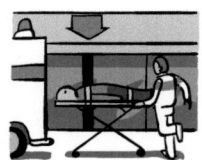

sigyarimaski kamara

la sala de guardia

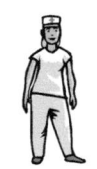

medicinaki phen

la enfermera

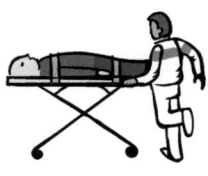

sigyaripen

la emergencia

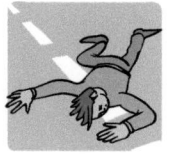

ki koma

inconsciente

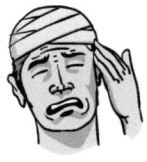

dukh

el dolor

dukhavipen

la lesión

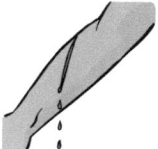

ratvaripe

la hemorragia

infrakto

el infarto

šlog

el ACV

alergiya

la alergia

khuinibe

la tos

tinanipe

la fiebre

gripa

la gripe

diyarea

la diarrea

šereski dukh

el dolor de cabeza

kanceri

el cáncer

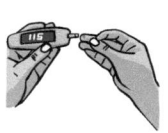

diyabetes

la diabetes

operaciya

el cirujano

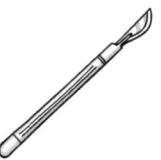

skalperi

el bisturí

operaciya

la operación

CT
....
la TC

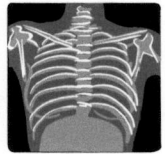

rentgen
....
los rayos x

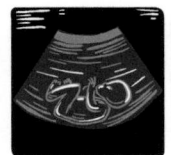

ultra avazo
....
la ecografía

mujeski maska
....
el barbijo

nasvalipe
....
la enfermedad

adžukyarimasko than
....
la sala de espera

paterica
....
la muleta

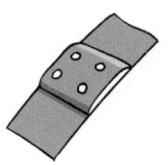

flastero
....
la curita

phandimaski gaza
....
la venda

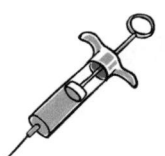

inyekciya
....
la inyección

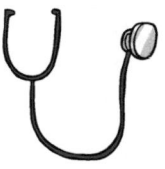

stetoskopo
....
el estetoscopio

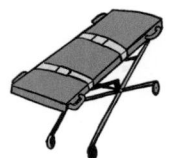

tregero
....
la camilla

klinicko termometro
....
el termómetro

biyanipe
....
el nacimiento

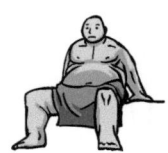

baro thulipe
....
el sobrepeso

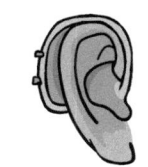

ašunimasko aparato

el audífono

dezinfekciako

el desinfectante

infekciya

la infección

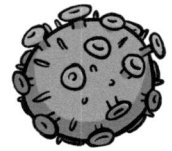

viruso

el virus

HIV / SIDA

el VIH / SIDA

medicina

el remedio

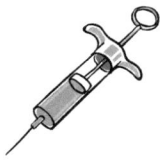

vakcinaciya

la vacunación

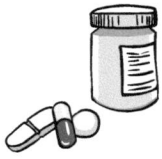

tabletura

los comprimidos

hapi

la pastilla anticonceptiva

sigyarimasko akharipe

la llamada de emergencia

monitori vaš učo pretisak

el tensiómetro

nasvalo / sasto

enfermo / sano

Mažutisar!

¡Ayuda!

alarmo

la alarma

atako

la agresión

atako

el ataque

dar buti

el peligro

sigyarimasko iklyovipen

la salida de emergencia

Bari jag!

¡Fuego!

mamuj jagako aparati

el matafuego

bibax

el accidente

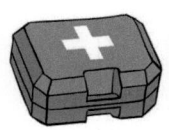

butya avgo ažutimaske

el botiquín de primeros auxilios

SOS

el SOS

Policia

la policía

Evropa

Europa

Utarali Amerika

América del Norte

Purabali Amerika

América del Sur

Afrika

África

Azija

Asia

Australia

Australia

Atlantiko

el Atlántico

Pacifiko

el Pacífico

Indiako Okeano

el Océano Índico

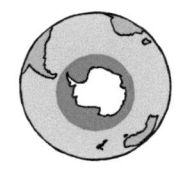

Antarktikosko Okeano

el Océano Antártico

Arktikosko Okeano

el Océano Ártico

Utaralo poli

el polo norte

Purabalo poli

el polo sur

Antarktiko

la Antártida

phuv

la Tierra

phuv

la tierra

samudra

el mar

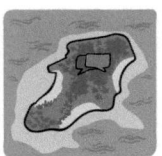

džaziri

la isla

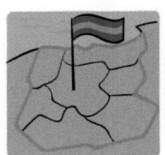

nacija

la nación

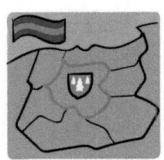

raštra

el estado

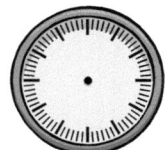

saatosko gendo

la esfera

saatoski sikavni

la manecilla de las horas

dakikongi sikavni

el minutero

ekundarno saatoski sikavin

el segundero

Kozom si o saato?

¿Qué hora es?

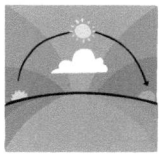

dive

el día

vrama

la hora

akana

ahora

digitalno saato

el reloj digital

dakika

el minuto

časo

la hora

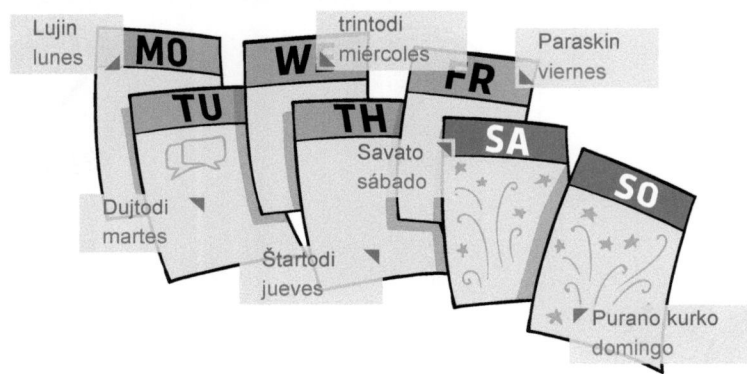

Lujin
lunes

trintodi
miércoles

Paraskin
viernes

Dujtodi
martes

Savato
sábado

Štartodi
jueves

Purano kurko
domingo

erati
ayer

avdive
hoy

tajsa
mañana

javin
la mañana

ekvaš dive
el mediodía

blevel
la tarde

butyarne divesa
los días hábiles

vikend
el fin de semana

berš
el año

biršim
la lluvia
renkali badalin
el arco iris
iv
la nieve
bavlal
el viento
anglonilaj
la primavera
palonilaj
el otoño
nilaj
el verano
ivend
el invierno

4.APRIL 11°
5.APRIL 4°
6.APRIL 13°
7.APRIL 8°
8.APRIL 10°

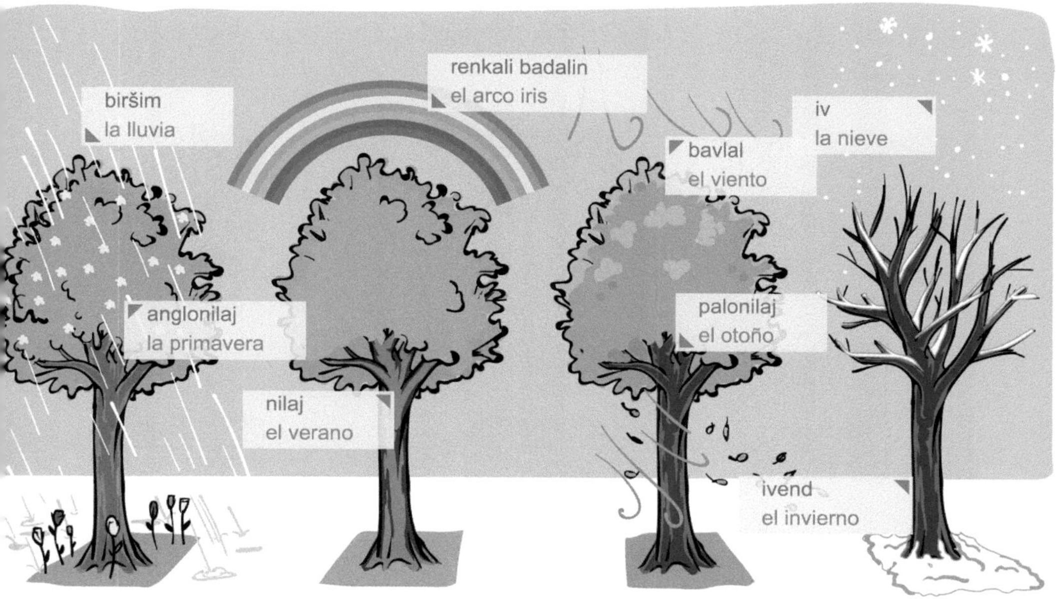

vramakoro vakeribe

l pronóstico meteorológico

F C
120 90 60 30 0 -30
40 30 20 10 0 -10 -20

termometro

el termómetro

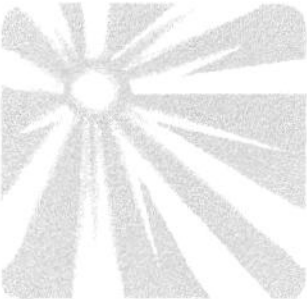

khamalo

la luz del sol

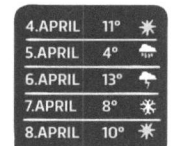

badal

la nube

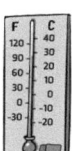

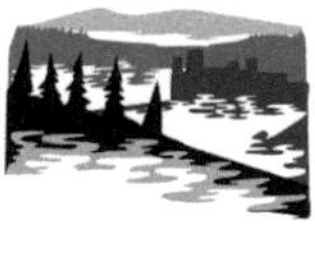

muhi

la niebla

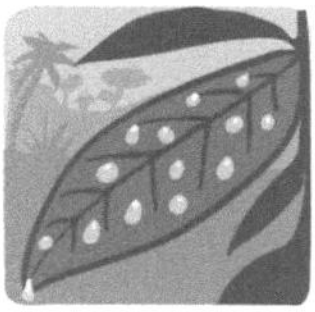

nemlime hava

la humedad

šemšekoja

el rayo

šemšekosko čalavibe

el trueno

bura

la tormenta

kijameti

el granizo

monsuni

el monzón

baro pani

la inundación

paho

el hielo

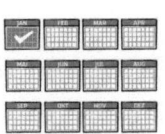

Januaro

enero

Februaro

febrero

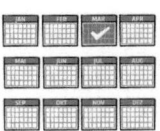

Marto

marzo

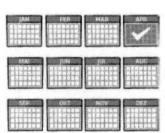

Aprilo

abril

Majo

mayo

Juno

junio

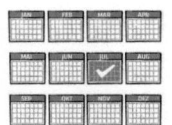

Julo

julio

Augusto

agosto

Septembro
septiembre

Oktombro
octubre

Novembro
noviembre

Dekembro
diciembre

forme
las formas

rota
el círculo

kvadrati
el cuadrado

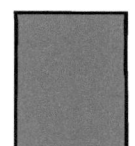

rektanglo
el rectángulo

trianglo
el triángulo

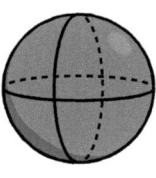

sfera
la esfera

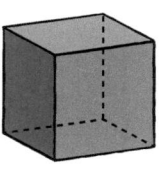

kocka
el cubo

parni

blanco

galbeno

amarillo

pomarandža

naranja

roze

rosa

loli

rojo

lila

violeta

vunato

azul

harjali

verde

kafeno

marrón

kuršumlija

gris

kali

negro

but / hari

mucho / poco

holjame / mudro

enojado / tranquilo

šuži / bišuži

lindo / feo

starto / agor

el principio / el fin

baro / tikno

grande / chico

puterde bojako / phanle bojako

claro / oscuro

phral / phen

el hermano / la hermana

užo / melalo

limpio / sucio

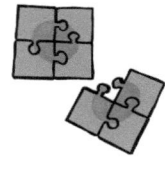

sahno / bisahno

completo / incompleto

dive / rat

el día / la noche

mulo / dživdo

muerto / vivo

buvlo / tank

ancho / angosto

hala pe / na hala pe

comestible / no comestible

džungalo / šukar

malo / amable

bare vogjea / bi vogjea

entusiasmado / aburrido

thulo / kišlo

gordo / flaco

avgo / paluno

primero / último

amal / dušmani

el amigo / el enemigo

pherdo / čučo

lleno / vacío

zoralo / kovlo

duro / blando

pharo / lokho

pesado / liviano

bokh / truš

el hambre / la sed

nasvalo / sasto

enfermo / sano

ilegalno / legalno

ilegal / legal

godyaver / bigodyako

inteligente / estúpido

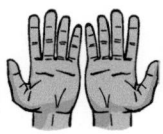

bajan / dahin

izquierda / derecha

paše / dur

cerca / lejos

nevo / purano
nuevo / usado

khanči / vareso
nada / algo

phuro / terno
viejo / joven

phabardo / ačhavdo
encendido / apagado

puterdo / phanlo
abierto / cerrado

mudro / bare avazeskoro
silencioso / ruidoso

barvalo / čorolo
rico / pobre

čačutno / došalo
correcto / incorrecto

zoralo / kovlo
áspero / suave

mazuni / lošalo
triste / contento

skurto / lungo
corto / largo

pohari / sigate
lento / rápido

sapano / šuko
mojado / seco

tato / šudro
caliente / frío

mareba / sansari
guerra / paz

0

zero

cero

1

jek

uno

2

duj

dos

3

trin

tres

4

štar

cuatro

5

panč

cinco

6

šov

seis

7

efta

siete

8

ohto

ocho

9

enja

nueve

10

deš

diez

11

dešujek

once

12

dešuduj

doce

13

dešutrin

trece

14

dešuštar

catorce

15

dešupanč

quince

16

dešušov

dieciséis

17

dešefta

diecisiete

18

dešohto

dieciocho

19

dešenja

diecinueve

20

biš

veinte

100

šel

cien

1.000

milja

mil

1.000.000

milioni

el millón

Anglicko

el inglés

Americko Anglicko

el inglés americano

Kinesko Mandarinsko

el chino mandarín

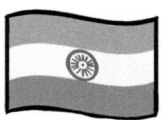

Indisko

el hindi

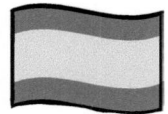

Špansko

el español

Francusko

el francés

Arapsko

el árabe

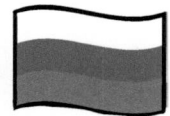

Rusko

el ruso

Portugalsko

el portugués

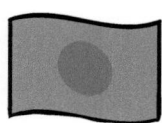

Bengalsko

el bengalí

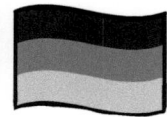

Nemicko

el alemán

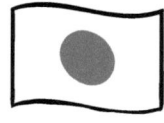

Japansko

el japonés

thaj

yo

tu

vos

ov / oj

él / ella

amen

nosotros

tumen

ustedes

ola

ellos

ko?

¿quién?

so?

¿qué?

sar?

¿cómo?

kote?

¿dónde?

kana?

¿cuándo?

anav

el nombre

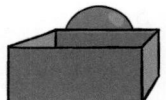

palal

detrás

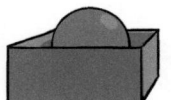

andre

en

anglal o

adelante de

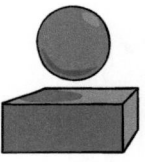

upral

por encima de

an

sobre

telal

debajo de

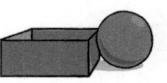

trujal

al lado de

maškaral

entre

than

el lugar